AF371633

MÉMOIRE

SUR

LES ORIGINES ET LE CARACTÈRE

DE LA LANGUE ANNAMITE

ET

SUR L'INFLUENCE QUE LA LITTÉRATURE CHINOISE A EXERCÉE

SUR LE MOUVEMENT INTELLECTUEL

EN COCHINCHINE ET AU TONKIN.

MÉMOIRE

SUR

LES ORIGINES ET LE CARACTÈRE

DE LA LANGUE ANNAMITE

ET

SUR L'INFLUENCE QUE LA LITTÉRATURE CHINOISE A EXERCÉE

SUR LE MOUVEMENT INTELLECTUEL

EN COCHINCHINE ET AU TONKIN.

PAR

M. ABEL DES MICHELS,

PROFESSEUR A L'ÉCOLE SPÉCIALE DES LANGUES ORIENTALES VIVANTES

Extrait des Mémoires présentés par divers savants à l'Académie des inscriptions et belles-lettres, tome X.

PARIS.

IMPRIMERIE NATIONALE.

M DCCC LXXXVII.

MÉMOIRE

LES ORIGINES ET LE CARACTÈRE

DE LA LANGUE ANNAMITE

ET

SUR L'INFLUENCE QUE LA LITTÉRATURE CHINOISE A EXERCÉE

SUR LE MOUVEMENT INTELLECTUEL EN COCHINCHINE ET AU TONKIN.

On a cru longtemps à tort que l'idiome de l'Annam n'est qu'un dialecte chinois.

Comme le chinois, il est vrai, l'annamite est une langue monosyllabique, et sa prononciation est soumise à des intonations fixes. Il s'écrit au moyen de caractères figuratifs dont beaucoup sont identiques, au moins comme aspect, à ceux de la langue de la Chine. Ils sont tous formés par le groupement des clefs chinoises, soit seules, soit accompagnées d'un nombre très restreint de traits additionnels; et, cependant, dire que les deux langues sont identiques dans le fond constitue une erreur des plus manifestes, contre laquelle on ne saurait trop s'élever, car elle peut être extrêmement préjudiciable à l'étude philologique de l'idiome de la Cochinchine.

La vérité est qu'il s'est produit chez le peuple annamite un phénomène linguistique qui, s'il se rencontre ailleurs, n'est peut-être nulle part aussi tranché; à savoir la coexistence et l'emploi parallèle des deux idiomes provenant de deux races très sensiblement différentes, et offrant un génie grammatical absolument opposé : le chinois *écrit* et l'annamite *parlé*, la langue officielle et la langue vulgaire, qui n'ont guère plus de rapports entre elles que le turc ou le persan n'en ont avec l'arabe.

En faisant une semblable comparaison, je prends, bien entendu, les deux termes extrêmes, et j'entends par *annamite parlé* la langue qui est dans la bouche soit du peuple absolument illettré, soit au moins des gens dont l'instruction ne dépasse pas le niveau commun et ordinaire; car les lettrés, qui veulent faire parade de leur instruction, considèrent comme une chose du meilleur ton d'introduire, même dans leur langage de tous les jours, un grand nombre de termes chinois. C'est ainsi, par exemple, qu'au lieu de : *loài ngươi ta* « le genre humain », de *giữ miệng* « peser ses paroles » ils diront volontiers *nhơn loại* et *thận ngôn*, expressions chinoises dont la prononciation en koŭan hoá est *jên lěi* et *chён yén*. Faudra-t-il conclure de là que ces lettrés parlent chinois? Non certes, pas plus qu'on ne peut prétendre que les Français qui disent *steamer* et *railway* au lieu de *bateau à vapeur* et *chemin de fer* parlent anglais, ou que les Allemands qui disent *Eleganz* au lieu de *Zierlichkeit, auf der Promenade sein* au lieu de *spazieren sein* parlent français.

Cette introduction d'expressions chinoises dans le langage des gens instruits est d'ailleurs assez limitée. S'ils en abusaient, ils se rendraient inintelligibles. Encore n'y ont-ils recours que lorsqu'ils s'adressent à des personnes de leur classe; car les gens illettrés ne pourraient les comprendre. Les expressions chinoises qu'ils emploient alors appartiennent à peu près invariablement au style écrit; et c'est là une particularité des plus importantes à noter, car elle lève, ce semble, toute espèce de doute sur la différence absolue d'origine qui existe entre l'annamite et le chinois. Si, en effet, la première de ces deux langues n'était qu'un dialecte de la seconde, est-il admissible que la langue écrite de la Chine fît à elle seule tous les frais de ces emprunts? Il en est cependant ainsi; et cela fait voir clairement que les éléments chinois introduits par les lettrés annamites dans leur discours comme une sorte de superfétation ne sont que des réminiscences de leurs études classiques, le système d'instruction reposant en Cochinchine sur les mêmes bases que dans l'empire du Milieu, c'est-à-dire sur l'étude exclusive des livres classiques et canoniques, des historiens et des philosophes chinois.

Il ne faudrait pas cependant conclure de ce que nous venons de dire que les expressions chinoises que l'on rencontre dans la langue annamite se trouvent exclusivement et sans exception dans la bouche des lettrés et que le langage populaire n'en contient aucune. Un certain nombre d'entre elles se sont en effet incorporées à l'idiome vulgaire, en perdant, d'ailleurs, souvent plus ou moins leur physionomie primitive. Comment a eu lieu cette fusion? Est-elle la conséquence des rapports étroits qu'amenèrent les diverses invasions chinoises entre les conquérants venus du Nord et les indigènes de l'Annam, ou bien certains termes chinois ont-ils fini, à force d'être employés par les lettrés, par glisser de leur langage dans celui du vulgaire qui les a adoptés et leur a donné droit de cité? Il est vraisemblable que cette introduction est due à ces deux causes réunies. En tout cas ces termes d'origine chinoise sont presque toujours des monosyllabes isolés; de plus, le nombre en est assez restreint. Quant aux expressions chinoises complexes, elles viennent, comme nous l'avons dit plus haut, de la langue écrite, et restent pour le peuple à l'état de lettre morte. On a vu tout à l'heure que la langue cochinchinoise vulgaire n'a pas avec la langue officielle du pays (laquelle n'est autre que le chinois écrit prononcé d'une manière spéciale) beaucoup plus de rapports que le turc n'en présente avec l'arabe. Nous croyons pouvoir ajouter que le chinois joue dans l'annamite un rôle très remarquablement analogue à celui que remplit le latin dans les langues des peuples dits *de race latine*. En effet, si nous laissons de côté les emprunts dont j'ai parlé plus haut et qui sont spéciaux au beau langage, il y entre, comme élément de composition, au même titre que le latin dans l'italien, le portugais ou l'espagnol, avec toutefois cette différence capitale que dans ces langues le vocable latin s'est constamment modifié pour prendre la physionomie générale de l'idiome qu'il contribue à former, tandis qu'il est loin d'en être toujours ainsi dans l'annamite. Dans cette dernière langue, en effet, à côté de mots d'origine évidemment chinoise, mais dont la prononciation primitive a été modifiée plus ou moins profondément, à côté d'autres qui, non seulement l'ont été à ce point de vue, mais dont en outre la signification a été restreinte ou déviée, nous en trouvons beaucoup dont la prononciation aussi bien que le sens sont restés tels qu'ils étaient à l'origine. Bien plus, il est tel mot dont la prononciation originaire est restée en usage concurremment avec la prononciation modifiée. C'est ainsi que, pour désigner « l'autorité, le pouvoir », on emploie indifféremment le mot chinois originaire *quyén* (en koŭan hoá *k'iuén*) et le mot à prononciation modifiée *quờn;* pour « l'été »,

le mot chinois *hạ* (en koūan hoá, *hiá*) et le mot à prononciation
modifiée *hè*; absolument comme si, en français, on disait indifféremment *homo* et *homme*, *pons* et *pont*, *canis* et *chien*.

Cet emploi simultané d'un même terme chinois modifié ou
non tient très vraisemblablement à une certaine résistance que
les maîtres, jaloux de conserver dans toute sa pureté la prononciation primitive, durent opposer aux altérations provenant de l'usage ainsi qu'à l'influence exercée par le génie tout
différent de la langue annamite proprement dite.

Ce que nous avons dit de l'immixtion plus ou moins grande,
dans l'annamite parlé, d'expressions appartenant au style écrit
de la langue chinoise se rencontre naturellement à un bien
plus haut degré dans les livres. Ici, en effet, l'écrivain n'est
pas, comme le lettré qui parle de vive voix, retenu, modéré
par la nécessité absolue d'être immédiatement compris de son
interlocuteur; aussi, à côté de livres écrits dans un langage
absolument semblable au langage parlé le plus familier et,
s'il est permis de s'exprimer ainsi, le plus annamite, comme
par exemple les 傳代初 *Chuyện đời xưa* « contes des temps
passés », l'on en voit d'autres, tels que le 辨分邪正四卷
Biện phân tà chính tứ quyển « les quatre livres de la distinction du
bien et du mal », qui sont déjà fort difficiles à comprendre
pour le peuple. D'autres écrits, certaines compositions poétiques modernes par exemple, seraient même absolument lettre
close pour les gens qui n'ont reçu qu'une instruction ordinaire,
n'était la profusion de notes explicatives dont elles sont accompagnées lorsque la transcription en a été faite en lettres latines; et, cependant, ce ne sont pas des livres chinois, mais
bien des livres annamites; seulement, s'il nous est permis
d'employer une expression familière, mais qui rend bien notre
pensée, ce sont des livres annamites *bourrés* de termes chinois.

Cette affectation de mêler, pour faire preuve d'érudition, des phrases de la langue savante à la langue vulgaire n'est pas d'ailleurs, comme on sait, particulière aux lettrés annamites; elle existe aussi à un haut degré en Chine. On y voit même dans certains romans, tels que 平山冷燕 « les deux jeunes filles lettrées » et 玉嬌梨 « les deux cousines », une multitude d'allusions en style écrit, allusions si savantes et si concises que, pour bien traduire le premier de ces deux romans, il n'a rien moins fallu que l'érudition inouïe de notre maître St. Julien et le véritable génie d'interprétation dont il était doué. On peut comparer, jusqu'à un certain point, cette tendance à celle qu'ont certains Européens instruits à user de nombreuses citations latines, avec cette restriction, toutefois, que ces derniers mettent dans les emprunts qu'ils font au latin beaucoup plus de discrétion que les lettrés dont nous venons de parler ne le font en ce qui concerne le chinois. Cela se borne chez les premiers à des réminiscences plus ou moins discrètes de certains proverbes latins, de certaines phrases tirées d'auteurs classiques célèbres, proverbes ou phrases qui tranchent d'ailleurs toujours sur le reste et ne s'y fondent en aucun cas, tandis qu'en Cochinchine ce mélange de la langue chinoise écrite avec la langue annamite parlée se fait la plupart du temps d'une manière beaucoup plus intime, les mots, expressions ou formules empruntés à la première se substituant dans le style élégant aux locutions équivalentes de la seconde.

Quoi qu'il en soit, il est certain que la très grande majorité des mots qui composent la phrase annamite, telle du moins que l'énoncent les personnes dépourvues d'instruction classique ou qui, du moins, n'ont point à en faire parade, appartient à une langue absolument différente du chinois. Il serait assez difficile d'évaluer bien exactement la proportion dans laquelle les deux idiomes s'allient; cependant si l'on fait ce calcul sur deux pages écrites dans le style courant de la conversation, l'une, dont le sujet roulerait sur les actions ordinaires de la vie, fournirait environ 167 mots d'origine annamite pure, 39 de provenance chinoise et 2 douteux; l'autre, qui traiterait d'une matière un peu plus élevée, donnerait 135 mots cochinchinois, 58 mots chinois et enfin 5 d'origine incertaine. On pourrait donc, en négligeant ceux dont la provenance inspire des doutes, constater que le rapport est pour la première épreuve de 4 à 1, et pour la seconde de 3 à 2, ce qui donne pour moyenne 3,15 à 1. D'où il faut conclure que le chinois a fourni à l'annamite vulgaire environ 3 mots sur 10. Encore est-il souvent assez difficile de saisir dans les vocables appartenant à la première de ces langues leur cachet d'origine; car dans bien des cas le caractère a été changé et la prononciation est devenue presque méconnaissable. Sans un examen très attentif, aidé d'une très grande habitude des deux langues, on ne saurait parfois déterminer à laquelle des deux tel ou tel mot appartient.

Les personnes, et elles sont nombreuses, qui persistent à ne voir dans l'annamite qu'un dialecte du chinois pourraient objecter à tout ce que je viens de dire que les différences qui existent actuellement entre les deux langues résultent de ce que, par suite de l'isolement très prolongé où l'Annam se trouva originairement par rapport à la Chine, une foule de vocables ont subi un changement tel qu'il est désormais impossible de les reconnaître, tandis que d'autres qui se sont conservés dans la langue des Annamites sont devenus obsolètes dans celle des Chinois. A cette hypothèse, qui manque d'ailleurs absolument de vraisemblance, on peut répondre par deux preuves à peu près sans réplique, je crois : 1° une preuve historique; 2° une preuve grammaticale.

PREUVE HISTORIQUE.

A la page 70 verso des *Annales chinoises* intitulées : 翰林少微通鑑 *Hàn lâm thiểu vi thong giám* « annales détaillées publiées par l'académie de *Hàn lin* », on lit ceci : « Règne de 成王 *Thành vương (Tch'éng wáng)*. Les *Việt thường*, au midi de *Giao chỉ*, eurent recours à plusieurs interprètes pour aller offrir le tribut. La route est longue, se dirent-ils, des montagnes l'obstruent, de profonds cours d'eau la barrent. Il est à craindre que, s'il est livré à ses propres ressources, notre ambassadeur n'arrive pas jusqu'au bout. C'est pourquoi on lui adjoignit *trois interprètes*, et il se rendit à l'audience de l'empereur (litt. : en ajoutant l'une à l'autre *trois interprétations*, il vint à l'audience). (Mais là) *Châu công* (oncle du souverain) leur dit : « S'il n'est « point admis à le faire, le sage n'offre pas de présents; s'il n'a « pas de mandat officiel, le sage ne remplit pas de mission. » *Les interprètes* transmirent la réponse que voici : « Nous avons « reçu notre mandat des anciens de notre nation. » On traduit par « anciens » l'expression *hoàng câu* 黄耉 qui, d'après le commentaire des *Annales* citées ici, est synonyme de « vieillard » : 黄耉老人之稱也 *hoàng câu lão nhơn chi xưng dã*. Cette désignation, qui se trouve en plusieurs endroits du *Livre des vers*, signifie proprement : « un visage qui, par l'effet d'une extrême vieillesse, est devenu jaune et comme maculé de boue. »

Voilà des ambassadeurs qui, plus de 1100 ans avant l'ère chrétienne, se trouvent, pour être compris des Chinois, dans la nécessité d'avoir recours à un nombre inusité *d'interprètes!* Il est donc bien avéré que ce peuple ne parlait pas plus chinois il y a trois mille ans qu'il ne le fait aujourd'hui.

PREUVE GRAMMATICALE.

Un des signes les plus évidents de la parenté qui lie entre elles deux langues, c'est l'existence d'un même génie grammatical. Si l'annamite tire du chinois son origine, on doit observer dans les deux idiomes les mêmes allures, et les mots qui les composent doivent être groupés d'une manière analogue. Or c'est absolument le contraire qui a lieu. La syntaxe est même si opposée dans les deux qu'on peut savoir à coup sûr comment deux mots se construisent en annamite en prenant exactement le contre-pied de la construction chinoise correspondante.

Ainsi l'on sait, par exemple, que :

1° Lorsqu'en chinois un nom commun est associé à un nom propre, le nom propre se met le premier, le nom commun le second. En annamite c'est l'inverse. En chinois, pour désigner la capitale, on dit : 北京城 « la ville de Pékin » (litt. : Pékin ville); en annamite on dira : *thành Sài gòn* (litt. : la ville Saïgon);

2° Le chinois énonce premier le substantif qui est au génitif : 人書 « de l'homme le livre »; l'annamite dit au contraire : *cuốn sách người* « le livre de l'homme »;

3° Tandis que l'adjectif chinois se place avant le substantif : 好人 « le bon homme », l'adjectif annamite se met après : *người tốt* « l'homme bon »;

4° On sait encore que le pronom relatif chinois 者 se place après le verbe; son correspondant annamite *kẻ* se met avant;

5° L'adverbe chinois précède ordinairement le verbe auquel il se rapporte; l'adverbe annamite le suit presque toujours. Enfin l'on retrouve des oppositions presque aussi tranchées dans l'agencement des diverses propositions qui constituent la phrase.

Ce que l'on vient de dire au point de vue de la différence d'origine qui existe entre l'idiome spécial à l'Annam et la langue de l'empire chinois peut s'appliquer, ce semble, également à celle du *Foŭ kiĕn*. De même qu'en Cochinchine, en effet, l'on parle dans cette province une langue qui, bien que monosyllabique, diffère complétement du chinois. A défaut d'autres, ce fait seul suffirait à montrer que les Fokienois, pas plus que les Annamites, ne sont des peuples d'origine chinoise.

A la page 33 recto, le *Thiĕu vi thŏng giám* s'exprime ainsi :

« Au nord (le territoire de l'empire) s'étendait jusqu'à 幽陵 *Yeoŭ ling*, nom d'une ville qui est aujourd'hui 順天府 *Chŭn t'iēn foŭ*; au midi, jusqu'à 交阯 *Kiăo tchĭ*; à l'ouest, jusqu'à 流沙 *Lieŏu cha*; à l'est, jusqu'à 蟠木 *P'an moŭ*. »

交阯 *Kiăo tchĭ* est l'ancien nom de l'Annam. D'après ce passage, relatif au règne de 顓頊 *Tchouēn siŭ* ou 高陽氏 *Kāo yáng chĭ* (2513 à 2435 ans avant l'ère chrétienne), et dont on donne ici la traduction littérale, les ancêtres des Annamites actuels existaient déjà à l'état de peuple. Les légendes et les annales les plus anciennes nous les montrent dans la région qui porte aujourd'hui le nom de *Tonkin*.

Ces *Giao chĭ*, que M. l'abbé Bouillevaux est disposé à regarder comme étant d'une race voisine de la malaise, habitaient une région merveilleusement faite pour leur permettre de s'établir solidement et de se développer de manière à constituer une nationalité stable et relativement importante.

Si, en effet, l'on considère avec quelque peu d'attention la configuration géographique des régions qui s'étendent au midi de l'empire chinois, on verra qu'au sud-est du plateau du

Thibet, et non loin du mont Tchamoulari, le massif de l'Hi-
malaya émet deux prolongements dont l'un, qui porte le nom
de 南嶺 *Nan ling* « chaîne du Sud », s'étend d'abord de l'ouest
à l'est, puis, arrivé aux deux tiers de son parcours, remonte
vers le nord-est, à peu près parallèlement à la mer Bleue, vers
les rivages de laquelle il se termine à la hauteur de l'île *Tchou
san*; tandis que l'autre descend au sud, longe la mer de Chine
et vient expirer à la limite nord de nos possessions. L'espace
circonscrit par ces deux chaînes forme à peu près la figure
d'un triangle dont le sommet est aux montagnes du Thibet
et dont la base, profondément échancrée par le golfe du Tonkin, forme comme deux prolongements : l'un qui remonte
vers le nord-est et constitue la province chinoise du 福建 *Foŭ
kién*, l'autre qui descend au sud et forme l'empire d'Annam.
Enfin ce triangle est partagé en deux, de son sommet à la
partie moyenne de sa base, par une chaîne qui, bien que
moins importante que celle qui limite les deux côtés, le divise
néanmoins en deux bassins : au nord, le bassin du fleuve
西江 *Si kiang*, qui comprend une partie du 貴州 *Kouéi tchéou*,
le 雲南 *Yun nan*, les deux 廣 *Kouàng* et le 福建 *Foŭ kién;* au
sud, celui du *Sŏng coi* ou fleuve Rouge, qui forme le Tonkin
et l'empire d'Annam. Cette dernière chaîne, tout inférieure
qu'elle soit aux monts *Nan ling* au point de vue de l'impor-
tance géographique, mérite néanmoins d'attirer l'attention,
car elle forme la barrière qui sépare le Tonkin de la Chine, et
c'est par les passages qui permettent de la franchir que sont
arrivées les troupes chinoises qui, unies aux 黑旗 ou « Pavil-
lons noirs », ont tenté de défendre *Sơn tây* et *Bắc ninh* contre
la valeur de nos soldats.

Cette configuration du pays permet de concevoir comment
le peuple *Giao chỉ* put se développer pendant de longs siècles

sans avoir rien à craindre du puissant voisin qui se formait de l'autre côté des *Nán líng*. C'est que ces montagnes constituaient une barrière difficile à franchir pour une armée d'invasion, facile au contraire à défendre pour le peuple qu'elle protégeait; car il semble avéré que les *Giao chi*, cantonnés primitivement dans le Tonkin actuel, avaient franchi la chaîne qui le ferme au nord, avaient fait reconnaître leur souveraineté aux tribus établies dans le bassin du *Si kiāng* et étendu leur domination au *Kouáng tòng*, si ce n'est même au *Foŭ kiến*. Indépendamment des indications un peu confuses, il est vrai, que fournissent les annales sur l'extension de la race *Giao chi* jusque dans cette dernière province de l'empire chinois actuel, il suffit de constater la remarquable analogie qui existe entre la manière dont les habitants d'Amoy prononcent les caractères chinois et celle qui est adoptée par les Annamites, pour être porté à admettre qu'il a dû en être ainsi. Quoi qu'il en soit, il vint un moment où les Cent familles, auxquelles le territoire moins borné dans lequel elles s'étaient arrêtées tout d'abord avait permis de prendre un développement assez considérable pour devenir un immense empire, s'immiscèrent naturellement dans les affaires de leurs voisins plus faibles, arrivèrent à les dominer complètement et à imposer à ces tribus leurs croyances, leur civilisation et jusqu'à leur système de représentation graphique. D'après les traditions du pays, les Annamites auraient en effet employé primitivement une écriture phonétique dont on a cru retrouver des vestiges sur de très anciennes ruines, notamment au sommet de la montagne de *Da bia;* mais un général chinois, ayant fait la conquête du pays, y aurait introduit les caractères et la littérature de la mère patrie; fait qui lui valut le surnom de 士王 *Si vương* « le Roi lettré ». Les mesures que prit le nouveau chef, fervent sectateur de Confucius, dans le pays de qui il serait né, ainsi que les relations constantes qui s'établirent dès lors entre envahisseurs et envahis, augmentèrent forcément d'un certain nombre de mots chinois l'ancienne langue du *Nam Việt*, qui, néanmoins, demeura toujours absolument distincte de celle des conquérants. Ces mots nouveaux, introduits dans l'annamite, soit pour répondre à des idées et à des besoins nouveaux, soit pour désigner des objets inconnus jusqu'alors, soit enfin par suite de l'influence de contact que le langage officiel et administratif, devenu obligatoirement chinois, exerçait sur l'idiome vulgaire, subirent en s'immisçant dans ce dernier des modifications plus ou moins profondes, il est vrai, mais rarement telles qu'un examen attentif ne puisse les y reconnaître. Quant à l'annamite, il resta toujours la langue usuelle du pays, et, comme on l'a montré tout à l'heure, l'élément chinois n'y entra que dans une proportion assez faible.

Ce serait donc en pure perte que l'on s'efforcerait de retrouver dans l'idiome de la Chine les monosyllabes qui forment le fonds de la langue cochinchinoise primitive. C'est ailleurs qu'il en faut chercher la parenté, si tant est qu'il soit possible d'obtenir sur ce point un résultat sérieux. L'auteur du présent mémoire doit avouer que toutes les recherches auxquelles il s'est livré à ce sujet ne lui ont, jusqu'à ce jour, rien donné de satisfaisant.

Personne, jusqu'à présent, n'a résolu ce problème, dont les explorateurs du centre de la péninsule indo-chinoise finiront peut-être par donner la solution.

On a dit tout à l'heure que l'usage exclusif de l'écriture des Chinois et l'étude de leur littérature, imposés à la nation annamite, avaient, sinon altéré son idiome primitif, du moins introduit dans cet idiome une notable quantité d'éléments étrangers. Quelle a été sur la littérature nationale l'influence de cet état de choses? Quelle est la part qu'a su y conserver le génie de l'ancienne langue *giao chi?* C'est ce que nous allons maintenant nous efforcer de déterminer.

On comprend que la juxtaposition (s'il est permis de s'exprimer ainsi) de la langue du Céleste-Empire à celle de l'Annam devait avoir des effets plus étendus que la simple introduction d'un certain nombre de mots chinois dans l'annamite vulgaire. La littérature elle-même dut comme se partager entre les deux idiomes. Le premier servit pour la rédaction des actes officiels et administratifs, des lois, des livres et documents scientifiques de toute espèce. Le second fut adopté au contraire de préférence pour la composition de certaines œuvres dans lesquelles le génie spécial de la race tendait à se faire jour, et où les hommes d'esprit du pays cherchaient à se soustraire, au moins quant aux productions de leur pensée, à l'influence détestée du chinois envahisseur.

Il suit de là que si nous examinons les ouvrages les plus répandus dans le pays, nous les trouverons divisés en deux catégories. Nous rencontrerons d'abord toute une série de livres traitant des matières dont il vient d'être question, et écrits, par conséquent, d'un bout à l'autre en chinois. Ces ouvrages, à vrai dire, ne constituent pas une littérature nationale, puisque la langue dans laquelle ils sont rédigés, bien qu'imposée officiellement et acceptée sans conteste depuis des siècles, n'est point celle du pays même. Si un grand nombre d'entre eux traitent de matières essentiellement annamites et sont composés pour satisfaire à un intérêt annamite, ce n'en sont pas moins des livres écrits en chinois et en chinois absolument pur. C'est tout au plus si on pourrait les considérer comme constituant une littérature officielle, littérature sinico-annamite, c'est-à-dire chinoise par la langue qu'elle emprunte, annamite par le sujet qu'elle traite.

Mais, parallèlement à cette littérature officielle, une autre s'est développée et se développe encore tous les jours, qui peut être à bon droit qualifiée de littérature nationale ou populaire. A peu près ignorée jusqu'à présent des philologues, celle-ci n'en tend pas moins à prendre un développement de plus en plus prononcé, auquel notre conquête des provinces méridionales de l'Annam est loin d'être étrangère. A mesure, en effet, que les traces de l'influence des mandarins, imbus des idées et de la civilisation chinoises, se font moins sentir dans notre colonie, le peuple annamite, placé comme dans une autre atmosphère, y tend, pour ainsi dire, à redevenir lui-même, et la langue vulgaire s'efface de moins en moins devant le chinois qu'avaient imposé depuis tant de siècles, comme langue administrative, les conquérants venus du Céleste-Empire.

Lorsque le prince *Nguyên ành* fut, sous le nom de *Gia long*, remonté sur le trône de Cochinchine, dont l'avait dépossédé la formidable insurrection des 西 山 *Tây sơn*, et qu'il eut, par l'annexion du Tonkin, constitué un grand royaume, il voulut en bannir la langue de Confucius et décida que les examens de tous les ordres se feraient désormais en annamite vulgaire. Il ordonna même que les actes officiels fussent rédigés dans cette langue; mais son successeur, *Minh mạng*, entièrement dominé par l'influence des mandarins, qui craignaient de voir ainsi leurs décisions contrôlées de trop près par le peuple, ne donna pas suite à ces mesures. Le gouvernement de notre colonie s'efforce aujourd'hui de réaliser la réforme tentée par *Gia long*, et cherche à supprimer définitivement le chinois dans les actes officiels pour lui substituer l'annamite proprement dit. Cette mesure n'est certainement pas étrangère au

grand développement que prend la composition des ouvrages
en annamite vulgaire dans la basse Cochinchine; et, comme
les autres parties de l'empire d'Annam sont en communication
directe et incessante avec les provinces que nous occupons, il
n'y a pas lieu de s'étonner beaucoup de ce que, même dans le
reste du pays, où les idées et les habitudes chinoises con-
servent toute leur vigueur, l'esprit national tende à s'émanciper
et que les œuvres littéraires appartenant à l'annamite proprement dit se développent, ou tout au moins se vulgarisent da-
vantage.

Cette littérature propre a du reste toujours dû exister. S'il
faut en croire des renseignements que nous tenons d'un lettré
fort compétent, parmi les nombreux poèmes annamites que
nous possédons[1], il en est plusieurs auxquels on attribue des
siècles d'existence; mais on ne saurait assigner de date précise
à leur composition, à cause de l'habitude qu'ont eue jusqu'à
ce jour les auteurs de ne jamais mettre leur nom sur leurs
œuvres. Ce n'est que par tradition orale qu'on sait parfois ou
qu'on croit savoir le nom du lettré qui a composé un livre.
Cette habitude semble au premier abord fort singulière, quand
on songe à l'extrême amour-propre des habitants de l'Annam.
Y a-t-il là un motif politique, ou bien une de ces singulières
superstitions qui se mêlent, pour ainsi dire, à tous les actes,
à toutes les pensées des indigènes de ce pays? Les poètes
évitent-ils de signer leurs œuvres par l'effet d'une crainte analogue à celle qui leur fait affubler leurs enfants, pendant les
premières années de leur vie, de dénominations ridicules ou
malpropres, pour ne pas dire plus, dans la crainte que le véritable nom qu'ils comptent leur donner plus tard n'attire sur

[1] Ces poèmes sont la propriété de l'auteur du présent mémoire.

eux la persécution des mauvais esprits, au cas où ces derniers viendraient à le connaître? Il serait difficile de le dire; mais toujours est-il qu'à part les ouvrages composés dans la basse Cochinchine depuis la conquête, nous n'en connaissons pas un seul qui porte un nom d'auteur. Les uniques mentions que l'on y rencontre sont celles du lettré qui a revu l'ouvrage, de l'imprimerie d'où il sort, du libraire qui le vend, ainsi que la date de la nouvelle édition, quand le livre a été réédité.

Il existe donc, particulièrement au Tonkin, beaucoup de livres écrits en annamite vulgaire. A en juger par ceux que nous possédons ou qu'il nous a été donné de rencontrer, et en mettant à part les nombreux ouvrages publiés sous la direction des missionnaires, ouvrages qui traitent de la religion ou de matières qui s'y rapportent et dont plusieurs sont de véritables modèles de style, la partie la plus considérable de cette littérature consiste en œuvres poétiques. On y retrouve bien, il est vrai, pour ce qui est de la prose, quelques morceaux ou traités historiques écrits dans un singulier mélange d'annamite et de chinois, quelques dialogues moraux et un assez grand nombre de contes. Si l'on ajoute à cela les ouvrages d'instruction populaire composés dans la colonie depuis notre arrivée, cette énumération, quelque restreinte qu'elle soit, sera à peu près complète. Il en est tout autrement des poésies. Ces dernières sont fort nombreuses et il en existe à peu près de toute nature. En général, ce sont des poèmes fort longs dans le courant desquels tel ou tel genre domine plus ou moins. Dans le 陸雲僊 *Lục văn tiên*, le 金雲翹傳 *Kim văn kiều truyện*, le 石生李通書 *Thạch sanh lý thông thơ* et quantité d'autres, les études de mœurs et les récits d'aventures sont entremêlés d'épisodes héroïques. D'autres sont entièrement composés de préceptes moraux, énoncés le plus souvent d'une manière à la fois dog-

matique et plaisante. L'éducation des enfants et notamment des
filles y semble occuper la première place. L'auteur de ce mémoire en possède cinq qui traitent de cette sorte de sujet, et
dans lesquels le poète annamite fait preuve d'une originalité
et d'un esprit des plus remarquables. Tel est le 訓女歌 *Huấn
nữ ca* « enseignement à l'usage du beau sexe », dans lequel le
poète commence par déclarer que ses yeux et ses oreilles lui
ont révélé tant de défauts chez les femmes que sans un pinceau et de l'encre, il lui serait impossible de s'y reconnaître :

聰䁮相覔诐咅
朋空筆墨計鵝牽包

Tai nghe mắt thấy đã đầy!
Bằng không bút mực kể rày xiết bao?

Après quoi, il en énumère quatre-vingt-trois, en autant de
distiques fort spirituels, suivis de quatre-vingt-trois autres,
qui contiennent un pareil nombre d'excellents conseils.

Les 書媄吧昆 *Thơ mẹ dạy con* « avis d'une mère à sa fille »
sont aussi fort remarquables. Ces avis, qui sont de toute nature, depuis les préceptes les plus élevés de la morale jusqu'aux
plus vulgaires conseils de cuisine, se terminent par le distique
suivant dont les termes, pour être trop concis, sont quelque
peu contradictoires :

年虗係於天工
達濫設教底防後來

Nên hư hệ ở thiên công!
Đặt làm thiết giáo để phòng hậu lai.

L'échec ou la réussite sont dans les mains du céleste ouvrier!

(Quant à moi), j'ai rédigé ces conseils pour te mettre en garde contre
l'avenir.

Le 書哝濫紬 *Thơ dạy làm dâu* « vers où les belles-filles apprennent leurs devoirs » renferme, parmi des enseignements moraux dans le fond, mais exposés avec une crudité tout annamite, l'excellent conseil donné aux jeunes épouses d'exciter, sans le froisser, mais en revenant matin et soir à la charge, leur mari à l'étude des lettres :

可 須 曉 貼 路 様
勤 欵 亘 棋 學 行 歌 埋

Khá tua theo thiếp hoạ vành
Khuyến chồng gắng gổ học hành hôm mai.

Cela parce que dans l'Annam, comme en Chine, les concours littéraires sont la clef qui ouvre toutes les carrières honorables.

Je citerai encore le 女則 *Nữ tắc* ou « la loi des femmes » et le 家訓歌 *Gia huấn ca* « les enseignements domestiques », qui sont aussi deux poèmes didactiques extrêmement originaux.

Les Annamites possèdent aussi des œuvres poétiques d'un genre purement plaisant, comme, par exemple, le 寒儒風味賦 *Hàn nhu phong vị phú* ou « les bonheurs d'un lettré indigent », dans lequel un pauvre savant expose spirituellement les satisfactions qu'il goûte au sein de sa condition misérable.

D'autres poèmes sont descriptifs. De ce nombre, le 古嘉定風景咏 *Cổ Gia định phong cảnh vịnh* « poésie sur le pays et les mœurs de l'ancien *Gia định* » et le 今嘉定風景咏 *Kim Gia định phong cảnh vịnh* « poésie sur le pays et les mœurs du nouveau *Gia định* ». L'auteur du premier décrit poétiquement l'ancienne province de *Gia định*, avec ses habitants et leurs coutumes. L'auteur du second nous montre la physionomie nouvelle qu'a prise le pays depuis qu'il a été conquis par nos armes.

3.

On rencontre même le genre lyrique dans le 張良從赤松子遊賦 *Trương lương tùng Xich tòng tử du phú* « pérégrinations de *Trương lương* à la suite du Sage des Pins rouges », pièce dans laquelle le poëte chante la retraite du célèbre général de l'empereur 高祖 *Cao tô* des 漢 *Hán*, qui, après avoir rendu les services les plus signalés à son maître, refusa, dit la légende, les honneurs que ce dernier lui offrait et s'éloigna en compagnie de l'immortel *Vich tòng tử* « le Sage des Pins rouges » pour devenir immortel lui-même. Citons encore deux poëmes historiques : le 文武二帝救劫歌 *Văn Võ nhị dé cứu kiếp ca* « les deux empereurs *Văn* et *Võ*, sauveurs du siècle » et le 大南國史演歌 *Dại nam quôc sử diễn ca* « annales en vers du grand royaume d'Annam ». Ce dernier genre de poëme a ceci de particulier que les événements chantés par l'auteur sont précédés d'un exposé des faits en chinois de style écrit dont les vers annamites qui l'accompagnent ne sont que le développement présenté sous la forme poétique. Pour le *Dại nam quôc sử*, cet exposé chinois n'est autre que celui des annales du royaume d'Annam.

Il y a aussi les poëmes que l'on pourrait appeler comico-philosophiques. Tel est celui qui porte le titre de 白鼠 *Bạch tử* « la souris blanche ». Sous la forme d'un conte en vers dans lequel il expose les dangers courus par ce petit animal, le poëte y flagelle tantôt la tyrannie du futur usurpateur *Hồ quí ly*, tantôt les mœurs relâchées des maris annamites et la jalousie de leurs femmes à l'endroit des concubines que ces derniers entretiennent.

D'autres poëmes traitent de sujets fantastiques, comme, par exemple, le 石生李通書 *Thạch sanh Lý thông thơ* « le livre de *Thạch sanh* et de *Lý thông* », ouvrage fort ancien qui ne le cède en rien à nos vieux contes de fées, au point de vue de

la naïveté comme de l'esprit d'invention, et présente en plus
ce cachet d'étrangeté dont sont empreintes les œuvres d'imagination écloses sous le pinceau des peuples de race jaune.

Il faut citer enfin les oraisons funèbres, dont quelques-unes
s'élèvent à une grande hauteur de pensée. A la suite de l'ouvrage remarquable, mais malheureusement trop incomplet,
dans lequel il a réuni tout ce qui avait échappé, après la mort
du grand *Gia long*, à la destruction des matériaux lexicogra-
phiques patiemment amassés par le célèbre évêque d'Adran,
Mgr Taberd, évêque d'Isauropolis, a reproduit l'oraison funèbre
du prélat qui fut à certains points de vue le Richelieu de la
Cochinchine. On peut la citer comme un modèle du genre.
Une autre, d'un caractère tout à fait différent, a été conservée
par M. Petrus Tru'o'ng Vinh Ky. Elle célèbre, en des périodes
d'une rare éloquence, les exploits des braves qui, sous les ordres du général *Nguyễn Phước*, s'étaient héroïquement laissé
massacrer sur les bords du fleuve *Nhị hà*, au Tonkin [1].

Toute cette littérature montre que, loin d'être un peuple
barbare, les Annamites sont arrivés à un degré de culture déjà
fort avancé.

Le genre dans lequel excellent le plus les poëtes de l'Annam
est certainement le genre descriptif, surtout en ce qui concerne les scènes de la nature. Ce peuple est évidemment doué
d'une organisation très susceptible d'être vivement impres-
sionnée par elles, si l'on en juge par la manière dont ses lettrés
en savent rendre les beautés. Voici, par exemple, un passage
du 陸雲仙 *Lục Vân Tiên* où, malgré l'impossibilité dans laquelle on est toujours de reproduire par la traduction toutes

---

[1] Cette pièce est réellement si belle que
je ne saurais résister à l'envie d'en citer
ici un passage, si je ne l'avais fait autre-
fois dans un discours d'ouverture que
je dus prononcer à l'annexe de la Sor-
bonne.

les nuances du texte original, surtout dans cette langue monosyllabique si chantante et si riche en onomatopées, on peut
encore en juger quelque peu :

. . . .

A peine ses parents ont-ils achevé de lui donner leurs instructions que
l'*âu Tiên* se met en route avec son jeune serviteur.

Ils partent. Marchant tout droit devant eux, ils se dirigent vers le but du
voyage.

Le vent du midi a chassé le printemps; voici que l'été le remplace;

Et toujours, à perte de vue, se déroule un chemin bordé d'arbres!

L'abeille fait entendre son murmure insipide; la cigale pousse son cri
retentissant.

Puis voici de l'eau! Puis voici des montagnes!

L'eau, agitée, roule ses ondes; les montagnes, autour des deux voyageurs,
élèvent leurs grands rochers.

Telle qu'une interminable tenture de soie brochée, la voûte bleue devant
eux s'étend.

L'oiseau ramage sur sa branche; au fond des eaux joue le poisson.

Nos jeunes gens, dans la campagne, considèrent le paysage, dans la ville,
les habitants.

Le paysage semble un tableau bien peint; les hommes sont beaux et
l'ornent.

Et ces quelques vers du 翠翹 *Túy kiêu* :

Bruyant comme le vent qui dissipe les nuées sur le sommet des monts
Tân,

Le char semble voler dans un tourbillon de poussière.

Kiêu, l'œil sec, regarde au loin. Les voilà donc séparés!

L'horizon fuit devant elle; monotones s'écoulent les jours.

La jeune fille, au sein de régions inconnues et lointaines,

Va d'horizon en horizon, parcourant l'espace immense.

Les roseaux et les joncs sont imprégnés de la rosée matinale.

La voilà, sous ce ciel d'automne, abandonnée aux mains d'un homme!

La nuit a chassé la mer des brouillards;

Mais à la vue de l'astre qui l'éclaire, elle se rappelle, confuse, le serment qu'elle prononça.

La forêt montre, étagées, ses nappes de verdure que l'automne rougit et décolore.

Le chant des oiseaux ravive au cœur (de Kiêu) le souvenir (des jours passés).

Partout des eaux inconnues, des montagnes étrangères !

. . . .

Nous citerons encore ce fragment du 四民四趣 *Tứ dân tứ thú* « les agréments des quatre états du peuple », qui nous semble plein d'originalité et de verve poétique :

Célébrant le printemps, mon pinceau court encore,

Et voici déjà que, par les accents prolongés de sa voix provocante, la cigale appelle l'été.

Le soleil darde ses rayons ardents ;

Il brûle le pêcher, dépouille le *Dod* ; il calcine le *Hoè* dont il flétrit les fleurs.

Les arbres sont comme en feu, l'eau est chaude, les fleuves à sec !

Dans les étangs, le poisson resserre ses écailles ; l'oiseau, dans sa cage, en éventail étale sa queue.

Qui donc ainsi, par intervalles, fait souffler le vent du midi ?

Sous l'influence de la chaleur qui la dessèche, la fleur voit se pencher, flétries, les folioles qui l'accompagnent ;

Elle tombe comme éblouie par les rayons resplendissants du soleil.

L'herbe est sèche, la terre dure ; le buffle en est tout irrité !

Il tire la charrue, cependant, et redouble d'efforts.

Il ne marchande pas sa peine !

L'araignée, sur le mur, va et vient dans tous les sens.

Elle tisse de travers et paresseusement sa toile ; car le brouillard que la chaleur engendre l'empêche de voir la muraille.

Sur le coin de sa fenêtre le lettré, accablé, s'appuie.

Il trace languissamment quelques vers ; son pinceau et son encrier se dessèchent constamment.

. . . .

Le laboureur rassemble ses instruments de travail; il passe la moitié du jour à se baigner dans les torrents.

Qu'il est à plaindre, ce colporteur qui se rend du marché à la ville, et de la ville retourne au marché!

Au traverser de la forêt, ses pieds se couvrent d'ampoules; en entrant dans la cité, il lui semble que sa tête est de feu!

Ces vers dénotent certainement une fine observation des sensations et des phénomènes que produit la chaleur de l'été sous la zone torride habitée par le poète. Malheureusement nous ne saurions en aucune manière rendre en français l'effet que produit dans l'idiome original cette poésie musicale et rythmée.

Il n'est peut-être pas inutile d'observer que le poème d'où nous tirons ce fragment est l'œuvre d'un chrétien.

Un grand nombre des beautés que renferment les poèmes cochinchinois seraient déjà connues, n'étaient les difficultés incroyables auxquelles on se heurte lorsque l'on en entreprend le déchiffrement. Écrits au moyen de phonétiques chinoises, que l'auteur du livre applique plus ou moins à propos, suivant le plus ou moins de culture des classiques qu'il possède et aussi suivant sa prédilection particulière pour tel ou tel système de représentation graphique des mots de sa langue, remplis d'abréviations et imprimés par des Chinois qui ne comprennent pas le texte qu'ils reproduisent et commettent, par suite, sans cesse des erreurs monstrueuses, la lecture de nombre de ces livres est un exercice de divination des plus compliqués, dans lequel les meilleurs lettrés eux-mêmes font souvent fausse route. Cette écriture est d'ailleurs si peu stable qu'alors que les caractères en ont été régulièrement tracés, les lecteurs indigènes eux-mêmes ont encore besoin de quelque réflexion pour s'y retrouver. Nous tenons des missionnaires

que leurs catéchistes ne peuvent arriver à lire sans tâtonne-
ment même les annonces du prône. On peut juger par là de
ce qu'il en est des poëmes! Ceux qui les lisent couramment
ne le font certainement que parce qu'ils les savent d'avance par
cœur. Le rétablissement du texte prend donc tout d'abord un
temps fort considérable. Ensuite la traduction en est des plus
difficiles, par suite de la quantité énorme des allusions, de
l'étrangeté des figures, ainsi que de toutes les difficultés que
l'auteur se plaît à entasser dans son œuvre, et dont la moindre
n'est pas une quantité innombrable d'expressions qui ne se
trouvent ni dans le langage de la conversation usuelle, ni dans
les dictionnaires. Le nombre en est si grand que l'on serait
tenté de croire que chaque lettré, en écrivant une pièce de
vers, tient à honneur d'en imaginer de nouvelles.

Dans quelle mesure cette littérature annamite reflète-t-elle
le caractère propre du peuple chez lequel elle a pris naissance?
Dans quelle mesure a-t-elle, au contraire, subi l'influence de
la domination chinoise? On a fait voir plus haut que les mots
de la langue des anciens conquérants se sont introduits dans
une proportion relativement assez restreinte (environ un mot
sur trois) dans le langage vulgaire. On a fait remarquer que
les nombreuses formules et expressions chinoises contenues
dans les livres écrits en prose de style élevé restent parfaite-
ment reconnaissables et ne se sont pas fondues avec l'idiome
national des Annamites. Quant à ce qui est de la poésie, qui
constitue le fonds principal de la littérature cochinchinoise, il
est particulièrement intéressant d'étudier jusqu'à quel point
les études et les mœurs de la Chine en ont pu influencer soit
le fond, soit la forme.

On doit tout naturellement s'attendre à voir se manifester,
surtout dans les œuvres poétiques, la propension qu'ont les

lettrés annamites à intercaler dans les livres d'un ordre un peu elevé un grand nombre d'expressions tirées du chinois de style écrit. C'est en effet ce qui a lieu, non seulement en ce qui regarde les expressions, mais même fort souvent en ce qui concerne les idées; à tel point qu'en lisant certains passages, il semble qu'on assiste à ce phénomène littéraire assez singulier d'une langue, absolument opposée au chinois dans sa constitution intime, servant à rendre des idées qui sont absolument chinoises. Hâtons-nous cependant de dire qu'il n'en est pas, à beaucoup près, toujours ainsi.

L'étude de la langue et des poésies du Céleste-Empire a naturellement inculqué aux poëtes de l'Annam le goût excessif du parallélisme, tant dans les mots que dans les pensées; mais, en revanche, la poésie annamite pratique fréquemment l'inversion, qu'on ne rencontre au contraire qu'à l'état d'exception, non seulement dans la prose, mais même dans la poésie chinoise.

Un fait assez curieux et que l'on peut constater à chaque pas dans les pièces de vers que les Annamites composent dans leur langue, c'est la double position que l'adverbe y occupe. Dans l'annamite parlé il est à peu près invariablement placé après le verbe, tandis qu'en chinois on sait qu'on le met toujours avant, sauf le cas où l'on veut appuyer très fortement sur l'idée qu'il exprime. Dans la poésie annamite on le trouve occupant presque indifféremment les deux places, ce qui le rend parfois très difficile à reconnaître, le secours de la règle de position faisant dans ce cas absolument défaut On dirait que, sur ce terrain, le génie si opposé des deux langues se confond et agit à tour de rôle.

Les formes poétiques des Chinois sont connues et adoptées par les Annamites. On rencontre, entre autres, dans leur langue

les quatre classes appelées : 詩 *thi* « vers », 詞 *tù* « phrases
rimées », 歌 *ca* « odes » et 賦 *phú* « compositions irrégulières de
six et de quatre pieds alternés ». Elles y sont soumises aux
mêmes règles prosodiques qu'en chinois, et basées de même
sur la distinction des tons en 平 *binh* « égal » et 仄 *trâc* « mo-
dulé »; mais, à côté de ce genre de compositions de facture
essentiellement chinoise, ils en ont une autre dont on ne pourrait, je crois, retrouver le type dans la poésie de l'empire du
Milieu. Ce genre de composition, qui se nomme 挽 *vãn* et qui
est affecté particulièrement aux poèmes de longue haleine, si
abondants chez eux, consiste dans la succession de distiques
composés de deux vers alternés, le premier de six pieds et le
second de huit, avec une rime double et croisée. La facture
intime des vers du *vãn* est fondée, comme celle de toutes les
autres formes, sur la différence de quantité, ou, pour parler
plus exactement, sur l'opposition des tons 平 *binh* et 仄 *trâc*.

Il faut bien dire cependant qu'entre les poèmes composés
en *vãn*, une grande partie de ceux qui ont un caractère narra-
tif puisent leur sujet dans les œuvres les plus célèbres des
才子 *Tài tù* chinois. Dans le 金雲翹傳 *Kim vân kiều truyện*,
par exemple, le sujet est si évidemment chinois qu'il est facile
de retrouver sur la carte de Chine les localités indiquées
comme étant le théâtre de l'action. Bien plus, l'auteur du présent mémoire possède dans sa collection un poème tiré du célèbre roman chinois 二度梅 *Eul toú mêi* « les pruniers qui
fleurissent deux fois », qui porte exactement le même titre
(*Nhị độ mai* suivant la prononciation annamite) et qui est pré-
cédé de la reproduction des gravures du roman chinois lui-
même, ainsi que nous avons pu le constate sur un exemplaire
de ce dernier existant à l'École des langues orientales. Un
autre, intitulé 昭君貢胡書 *Chiêu quân cống hô thư* « Chiêu

quân envoyée en tribut aux Barbares », renferme, comme le 雙鳳奇緣 *Chouâng fông ki youên* ou « l'union merveilleuse des deux Phénix », le récit des aventures de la célèbre 昭君 *Tchâo kiün*.

Dans les poèmes annamites, les héros se livrent fréquemment à de longues tirades. Ces œuvres diffèrent diamétralement sur ce point des poèmes de la Chine, qui ne sauraient admettre une semblable prolixité; car, à part le 離騷 *Li sao*, le 華贊 *Hoá tsièn* « l'éloge de *Moukden* » et peut-être quelques autres, ces poèmes sont d'ordinaire fort courts. Les poètes annamites imitent plutôt en cela les auteurs des romans chinois, auxquels, ainsi que je viens de le dire, ils empruntent très fréquemment leurs sujets, tout au moins en ce qui concerne la donnée et la marche générale de l'action. Quoi qu'il en soit, il ne serait pas inexact d'avancer que l'un des caractères dominants d'un très grand nombre des poèmes de l'Annam est la prolixité, tandis que celui de presque tous les poèmes chinois est la concision.

Les Annamites possèdent un assez grand nombre d'œuvres dramatiques. Ici encore ils se séparent très notablement des Chinois. Tandis que les drames et les comédies de ces derniers sont formés d'un canevas en prose sur lequel sont brodées avec une profusion plus ou moins grande de courtes ariettes, ceux des Annamites sont à peu près uniformément écrits en vers d'un bout à l'autre. Ces vers diffèrent entre eux de mesure, mais la prose ne s'y rencontre pour ainsi dire jamais.

Depuis la conquête de la basse Cochinchine par les Français, l'antique influence de la civilisation chinoise commence à perdre du terrain, par suite du remplacement des mandarins indigènes par des fonctionnaires venus de France. Les classiques chinois, malgré leur grande valeur littéraire, ne concentrent plus sur eux seuls l'espèce de vénération inspirée naguère par des livres dont la connaissance était l'unique moyen de réussir dans les concours et d'arriver ainsi aux fonctions publiques. D'un autre côté les Annamites, chez qui l'esprit d'imitation semble presque aussi développé que chez les Japonais, ne peuvent, au fur et à mesure qu'ils prennent un certain nombre de nos habitudes, s'empêcher de s'assimiler en même temps un peu de nos idées et de notre goût littéraire. Aussi constate-t-on dans notre colonie un développement assez marqué de la littérature indigène, notamment en ce qui concerne la poésie. Des pièces satiriques se sont récemment fait jour; et cela n'est nullement étonnant pour qui connaît le caractère essentiellement moqueur de ce peuple, qui, parmi ses habitudes les plus chères, a celle de rire derrière le dos du mandarin devant lequel il vient de se prosterner avec la plus servile humilité, dès qu'il se croit en sûreté contre les coups de rotin, conséquence traditionnelle et inéluctable du moindre manque de respect.

Le 書南折 *Thơ nam kỳ*, récit en vers des événements de la guerre franco-annamite, et surtout le 書攝曉書南折 *Thơ tiếp theo thơ nam kỳ*, poème qui lui fait suite et qui expose la situation nouvelle amenée par la conquête dans l'état des esprits en Cochinchine, sont très remarquables sous ce rapport. Nous pensons utile de traduire ici quelques vers de ce dernier poème, dans lequel l'auteur flagelle cruellement ses compatriotes qui, s'autorisant des offices subalternes que leur a conférés le gouvernement, traitent avec la dernière arrogance et accablent d'exactions les autres indigènes auxquels ils servent d'intermédiaires forcés. Ces vers, comme on va le voir, ne manquent pas de couleur locale :

Voyez ces jeunes gens qui savent parler français! Ils pourraient aider leurs compatriotes;

Mais les grands airs qu'ils se donnent, vraiment, excitent la pitié!

Parce qu'ils connaissent le français, ils se croient, pour la vie, de grands personnages!

Ils se promènent vêtus d'un habit de soie et d'un pantalon de crêpe,

Un peigne d'écaille sur la tête, posé bien en évidence!

Ce sont tout aussi bien des gens de la maison du gouverneur!

Ils peuvent, parce qu'ils approchent de leurs maîtres, faire la pluie et le beau temps[1]!

Pour les inspecteurs en activité,

Ils connaissent l'annamite, et les tromper est difficile!

Mais à quiconque ignore notre langue,

On peut dire, à son gré, blanc ou noir.

Lorsqu'un bon paysan, maire de son village,

Vient pour affaires à l'inspection, il devient comme fou de frayeur;

Car pour lui le succès ou l'échec dépend d'un mot de l'interprète.

. . . .

Ils me font vraiment pitié, ces valets qui servent à table,

Et qui vont, se pavanant, un crêpe rouge à la tête et des souliers aux pieds[2]!

Ce sont de pauvres diables qui s'efforcent de copier les grands!

. . . .

Ils vont et viennent avec des façons de hauts personnages;

Mais, en y regardant de près, ce ne sont que des valets!

Voyez-les, ces puants qui veulent se parfumer

En se mettant sur la tête une fleur de frangipanier!

C'est vraiment à mourir de rire! avec de riches tissus ils habillent les piliers d'un pont[3]!

Vus de loin, ils ont bon air. Qui pourrait savoir ce qu'ils sont?

Mais si vous leur parlez, autant jouer du *đờn* à l'oreille d'un buffle.

Ou verser de l'eau sur la tête d'un canard! Ce dernier saurait-il si elle est salée ou piquante[4]?

[1] Litt. : jongler avec des bâtons.

[2] Pour un Annamite non lettré, porter des souliers aux pieds est le comble du raffinement en fait de toilette.

[3] Ils veulent, tout vulgaires qu'ils sont, se donner ridiculement un air de grandeur.

[4] M. Đức Chaigneau, l'auteur bien connu des *Souvenirs de Hué*, avait déjà donné une traduction de ces deux curieux poèmes.

En résumé, l'influence de la civilisation et des idées chinoises sur les productions de l'esprit a sans nul doute été fort grande en Cochinchine. Le vocabulaire de la langue renferme près d'un tiers de mots chinois; les ouvrages scientifiques s'écrivent et s'écriront encore longtemps dans cet idiome. Les livres en langue vulgaire d'un caractère un peu élevé empruntent une grande partie des expressions qu'ils renferment à celle de la Chine, qui fournit aussi aux poètes de l'Annam beaucoup de formules poétiques, la distinction des mots *bình* et des mots *trắc*, base fondamentale de leur prosodie, et, dans certaines formes, les règles mêmes de la versification; enfin c'est dans les romans chinois que la plupart d'entre eux vont chercher leurs sujets et leurs inspirations. Cependant il ne faut pas refuser à l'esprit annamite une part propre dans les compositions auxquelles il donne naissance. Outre que l'usage du *câu*, qui semble la forme poétique de beaucoup la plus répandue, lui est particulier, l'imagination paraît jouer chez ce peuple un rôle plus marqué que chez les Chinois. Il excelle dans la satire et surtout dans la description des beautés de la nature. A l'opposé des Chinois, il aime les poèmes narratifs et de longue haleine. Enfin le répertoire du théâtre annamite est exclusivement écrit en vers.

Le peuple annamite est intelligent, ami des lettres; et certainement l'originalité incontestable de son esprit national se dessinera de plus en plus nettement dans sa littérature, à mesure que cessera l'influence de la domination chinoise qui pesa sur lui durant tant de siècles.

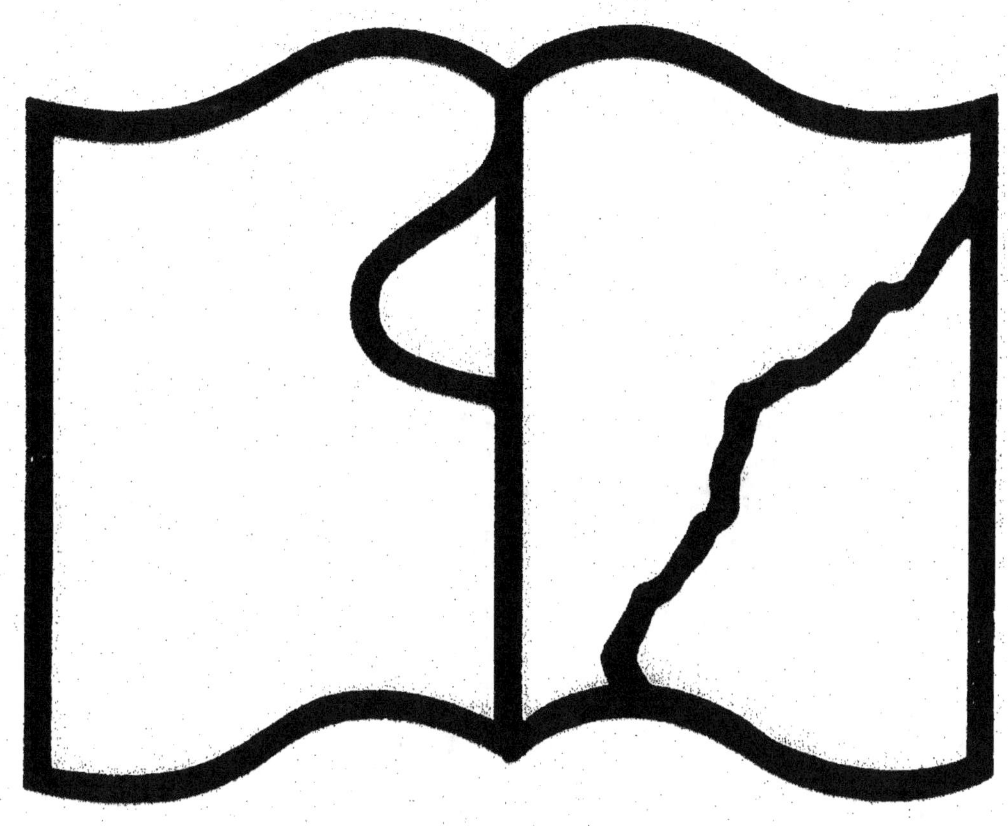

Texte détérioré — reliure défectueuse

NF Z 43-120-11

Contraste insuffisant

NF Z 43-120-14

www.ingramcontent.com/pod-product-compliance
Lightning Source LLC
LaVergne TN
LVHW021208140726
843272LV00042B/1232